WILFRIED IHRIG

AUSGEWÄHLTE GEDICHTE

1978 – 2018

Bibliografische Information der Deutschen Nationalbibliothek:
Die Deutsche Nationalbibliothek verzeichnet diese Publikation
in der Deutschen Nationalbibliografie, detaillierte bibliografische
Daten sind im Internet über http://dnb.dnb.de abrufbar.

Herstellung und Verlag:
BoD – Books on Demand, Norderstedt

ISBN 9783748151883

VORWORT

dieser band sammelt gedichte von 1978 bis 2018. ich war nie hauptberuflich dichter, selbst wenn ich dies manchmal gern gewesen wäre. aber ich habe immer wieder gedichte verfasst, publiziert oder in die schublade gelegt. wie es der brauch ist, publiziere ich mir zum 65. geburtstag diese sammlung.

viele gedichte entstanden als nebenschriften zu meiner arbeit. durch meine lebenslange abneigung gegen das hochnäsige hochdeutsch „aus dem hannöverschen" (fontane) und meine studien zur modernen, nicht provinziellen, sondern anti-provinziellen dialektdichtung wurden meine dialektgedichte angeregt, im odenwälderisch meiner jugend, im berlinerisch meiner jahre seit 1987, aber auch im wienerisch der wiener gruppe.

seit den 70-er jahren habe ich konkrete poesie studiert und verfasst. als konkreter dichter mit wenigen publizierten gedichten wurde ich nicht berühmt, aber immerhin mitarbeiter von eugen gomringer für die neubearbeitung der vielgelesenen anthologie „konkrete poesie".

wie viele nebenberufliche dichter habe ich „gelegenheitsgedichte" geschrieben, darunter widmungsgedichte für autoren, mit deren werken ich mich beschäftigt habe. von den angedichteten habe ich nur ernst jandl persönlich kennengelernt.

auch meine beschäftigung mit der literatur der sinti und roma, durch jugend- und studentenerfahrungen angeregt, durch die edition von günter bruno fuchs zum wichtigen thema geworden, hat zu gedichten geführt.

die leser werden viele andere lektüreerfahrungen und lebenserfahrungen in den gedichten finden, wenn das buch überhaupt leser findet, denn wie der roma-dichter alexandre romanès schrieb: „ein buch schreiben damit es anteilnahme findet / ist wie eine flasche in das meer schleudern / denn es wird in einen ozean der bücher geworfen."

man unterstelle mir bitte nicht, ich erwarte, in die literaturgeschichte aufgenommen zu werden. mir hat das schreiben immer freude gemacht, es wäre ein erfolg, wenn auch das lesen meiner gedichte jemand freude macht.

berlin, september 2018

GEDICHTE

„nie wieder psychologie!"
(kafka)

een jedicht

is

een jedicht

is

een jedicht

geleitwort

für günter brus

der mond kotzt auf die erde
die sonne pinkelts wieder weg
soviel zur welt und zum geleit

guggemol

de wald
ou de wald
de oudewald
ou de oudewald
de alde oudewald
de gude alde oudewald

gell doo guggschde
jaa

späte hymne für dieter roth

der kleinklein und das hühner
wenn der ich mit dem diedieter
abflickt oder soso

ims drissen durdurchs draunnen
wo der sich sich als das plane
ansicht oder soso

ich äusserst wie er innert
zwar weder jemals als auch immer
abtrott oder soso

abzählvers

für oswald wiener

sucht mich dooch
ohne sprooch
findt ihr miich
gibts mich niich

für wen?

der rühmkorf und die bachmann
der theobaldy und der brecht
die kaschnitz und der celan
der jandl nicht so recht

theo trutter was here

quadratur

i

i m
m i

i c h
h i c
c h i

e b e n
b e n e
b e e n
e b n e

gefilmt

wenn ich, der deerschau,
arm in arm
mit alfred ander-, neinnein,
ammerstein die strasse
runtergeh downtown,
dann ist das immer
schon ein showdown

my claim!

was ich mein
oder nicht mein
das ist hier
die frage

transkriptum

gelall
mit allgel
durch milltage
oder urdichtellabe
als droglabes
gelabsall

kuckuck!

a g o n i e   (für samuel beckett)

          o n
        g o
    a g o
          o n
              n i e
        g o
              n i e
    a g o
              n i e
    a g o
          o n
              n i e
          o n

              i
    a g o
        g o
    a g o
          o n
    a g o
        g o
          o n
    a g o
              n i e
    a g o
              n i e

          o n
        g o
    a g o
          o n
              n i e
          o n
        g o
    a g o
          o n
        g o
    a g o
    a g o
          o n

hängt ein ich an einem kran,
neben einem spiegel,
schaut sich diesen kranich an,
wachsen ihm schon flügel.

märchen

es war einmal ein unbeschriebenes blatt

ja, kunstgenuss und musenkuss,
was liest denn du für einen stuss?

my body

my body lies over the ocean
my body lies over the sea
my body lies over the ocean
oh bring back my body to me

my body lies over the ocean
my body lies over the sea
my body lies over the ocean
oh bring back. bring my body back to me

bring back, bring back
oh bring back my body to me
bring back, bring back
oh bring back my body to me

my body lies over the ocean
my body lies over the sea
my body lies over the ocean
oh bring, bring my body, bring it back to me

bring back, bring back,
oh bring back my body to me, to me
oh bring back, oh bring back
oh bring back my body to me

(nach dem traditional)

30

ohne worte

sprüche

wenn es die welt gäbe, müsste man sie erfinden.

zu diensten: der steinerne gast hat immer recht.

gegensätze ziehen sich aus.

manneswort: frau zu sein, bedarf es wenig.

liebe macht blind: alle lust will dauer.

die wege der dummheit sind unerforschlich.

die kirche: der fanclub gottes.

blasphemie: in dubio pro deo.

ein aphorismus kommt selten allein.

pst!

kaa theader
nullakder

bühne frei.

b: also spiele mer jetz theader oder net?
a: naa, naa, naa un noch emol naa!
   alles blouss kaa theader!

vorhang.

sehstick

sicht frei.

b: ich seh was, was du net siehscht.
a: sieht aus, als wers a stick vun mir.

klabbe zu.

staarkes stick

bühne frei.

b: jetz stäin mer schun e staarki sekund uf dere bihne rum.
a: des is staark!

staarker abgang.

die ganz famil

de oba war debei
die oma war debei
de peddern war debei
die goth war debei
ich war debei

de onkel war debei
die dande war debei
de vadder war debei
die mudder war debei
ich war debei

de bruder war debei
die schwesder war debei
de sohn war debei
die dochder war debei
ich war debei

die ganz famil war debei
ich war net debei

was wohr is

was wohr is
muss soi
was soi muss
muss wohr bleiwe

was is
muss soi
was soi muss
muss bleiwe

was is
muss bleiwe
was bleiwe muss
muss wohr soi

was is
is was
was was is
muss was soi

was was soi muss
is was
was was is
muss soi

was was is
muss was bleiwe
was was bleiwe muss
muss was soi

ich bin moi

du bischt doi

sou is foi

ohne fraa
is alles laa

mit fraa
aa

denkmalsforschung

für günter bruno fuchs

nahe beerfelden im odenwald
findet man
den letzten erhaltenen galgen
deutschlands

daneben
findet man
die inschrift,
die letzte hingerichtete
war eine „zigeunerin"
im 19. jahrhundert,
die ein huhn
und zwei laib brot
gestohlen haben soll

der historische galgen
ist ein denkmal
für historische galgen

er ist kein denkmal
für die unbekannte „zigeunerin"

syltfotzenprotzen

auf

syltprotzenfotzen

auf

protzenfotzensylt

schwere jungs

der henning und der wolfjang
die warn zwee schwere jungs
blöde wie skalpiermessa
möchtejerne bessafressa

als se dann nen daimler fuhrn
dachten se det wärs
un det wars dann ooch
jetz lachen über se die hurn

denn se liejen tief im jrab
denn se jaben den löffel ab
an de bessafressa
unta de würmer

jodeldiplom

fräulein wie-hiess-sie-doch-gleich
arbeitete für
ihr jodeldiplom
in psychoklempnertum

da sagte ick ihr:
und tschüss

erledigte fälle

im hannöverschen
sind se blöda als balina penner
da fahrn se dicke autos
un pennen uff em baum

im fränkischen wie-hiess-et-doch-jleich
da sagen sich
kurpfuscher un psychoklempner
jute nacht

in hessisch-sibirien
da blühn
de häuslebauer-pauker
in vorjestrijer pracht

jans

braucht eene jans een bäljer-schwan
jeht se zu dokter listenbart
der präpariert den kerl nach ihrer art
pflanzt ihm een paar chips in die plauze
und een mikro in die schnauze
untern weisheitszahn

det die jans det janze in de hand behält
wird er von kopf bis fuss uff fernbedienung einjestellt
det jibt vom scheitel bis zum schwanze
een hampelmann fier die emanze

ärzte

für walter e. richartz

ärzte sagen
wer glaubt
er dürfte
einen arzt
verklagen
der muss
verrückt sein

den
werfen
wir
in
die
geschlossene
psychiatrie

protzen

et jibt arztprotzen
et jibt bauprotzen
et jibt computerprotzen
et jibt daimlerprotzen
et jibt energieprotzen
et jibt fürstenprotzen
et jibt gutsherrnprotzen
et jibt hardwareprotzen
et jibt immobilienprotzen
et jibt jugendprotzen
et jibt kurkaffprotzen
et jibt luxusprotzen
et jibt miethaiprotzen
et jibt neubauprotzen
et jibt oberprotzen
et jibt porscheprotzen
et jibt quellwasserprotzen
et jibt reiseprotzen
et jibt softwareprotzen
u.s.w.
bis zahnarztprotzen, die et natierlich ooch jibt

stadtplan

et jibt alexanderplatz
et jibt berlin
et jibt charlottenburg
et jibt deutsche oper
et jibt eberswalder strasse
et jibt friedrichstrasse
et jibt glaßbrennerstrasse
et jibt hohenzollernplatz
et jibt indische strasse
et jibt jebensstrasse
et jibt kantstrasse
et jibt lützowufer
et jibt marx-engels-forum
et jibt nachodstrasse
et jibt oberbaumbrücke
u.s.w.
bis zoologischer garten, den et natierlich ooch jibt

roma

tschechien 1991 – 1999, kosovo 1999 – 2005

für paul polansky

gab der arzt ihnen
eine spritze
und wir mussten auch ihre leichen verbrennen

nach den spritzen
verbrannten wir über 2000 leichen

tödliche spritzen

„natürlich hast du eingewilligt", sagte sie,
„auf dem operationstisch ... hast du genickt."

ich hätte mir nie träumen lassen,
was der gefängnisarzt

starb nur, weil unser arzt
sein mobiltelefon nicht abnahm.
er war den langen weg
von frankreich gekommen,
die fahne der médecins du monde schwenkend,
wollte aber in jener nacht
die cocktailparty nicht verlassen

die serben im dorf teilten die hilfsgüterlieferungen
des jugoslawischen roten kreuzes nie mit den roma,
sondern überliessen ihnen nur die reste

miethailied

unsa miethai
der is blöde
unsa miethai
der is doof

un wenn er
ärjer macht
denn jehn wa
zum mietavaein
denn
macht er
keenen ärjer

unsa miethai
der is blöde
unsa miethai
der is doof

wende

        für arnfrid astel

erich mielke
residierte im schloss

im gegensatz zu
frank walter steinmeier

süüldfozzn

mei muatterl
war a süüldfozzn
i fond süüldfozzn
imma scho zum kozzn

mei easchde zwongseh-frau
di war a süüldfozzn
i fond süüldfozzn
imma scho zum kozzn

mei zwaidde zwongseh-frau
di war a süüldfozzn
i fond süüldfozzn
imma scho zum kozzn

neue sprüche

ein auto kommt selten allein.

autofahren macht doof wie immobilienbesitz und sylt-urlaub.

das gute an sylt ist, dass es bald im meer versinkt.

wenn die autos essbar wären, müsste man sie nicht verbieten.

die doofsten ärzte fahren die dicksten autos.

ein arzt ist wie ein psychoklempner: er kommt selten allein.

gedicht

dies ist
kein gedicht

gedicht

dies ist
ein gedicht

der teufel trägt freud

für gustl mollath
und all die anderen

in unserer jugend
hat man uns gewarnt
vor den sexgierigen schlampen
vor dem vamp
und vor der femme fatale

diese frauen aber
sind uns nie begegnet
es wird sie
nie gegeben haben
(auch wenn wir uns
die sexgierigen schlampen
immer gewünscht haben)

jetzt
müssen wir warnen
vor den frauen
die mit psychoklempnern
im bunde sind

diese frauen
sind uns begegnet
sie
gibt es
wie
valerie solanas

unleserlich

die geschichte eines intellektuellen
der unter die ärzte gefallen ist

(beanstandete stellen unleserlich gemacht)

///
///
///
///
///
///
///
///
///
///
///
///
///
///
///
///
///
///
///
///
///
///
///

lebenserfahrung

krampfadern
sind nicht gefährlich

ärzte
die etwas gegen krampfadern haben
sind gefährlich

DRUCKNACHWEISE

„nie wieder psychologie!" (kafka), gegen alle widerstände aufrechterhaltener grundsatz meines denkens (seit der abiturprüfung, 1972)

guggemol, in: litfass 12, berlin 1978

zum geleit / späte hymne für dieter roth / abzählvers / für wen? / theo trutter was here, in: zeitschrift für alles, nr. 5, stuttgart: dieter roth`s verlag, 1979

quadratur / gefilmt / my claim!, in: zeitschrift für alles, nr. 6, stuttgart: dieter roth`s verlag, 1981

was ich mein / transkriptum / agonie / kuckuck!, in: zeitschrift für alles, nr. 7, mols: dieter roth`s verlag, 1982

hängt ein ich / märchen / kunstgenuss, in: zeitschrift für alles, nr. 8, basel: dieter roth`s verlag, 1986

sprüche / my body / ohne worte / pst! / kaa theader, in: zeitschrift für alles, nr 9, basel: dieter roth`s verlag, 1986 (sprüche: hera lind, frau zu sein bedarf es wenig. roman. frankfurt 1992 – kerstin gier, gegensätze ziehen sich aus. roman. bergisch gladbach 2008 – zufälle?)

sehstick / staarkes stick, in: zeitschrift für alles, nr. 10a, basel: dieter roth`s verlag, 1987

die ganz famil / ich bin moi / was wohr is, in: hessischer literaturbote, nr. 4, frankfurt 1987

roma, unpubliziert (zitatmontage aus: paul polansky, roma. verachtet, verfolgt, vergessen. prosagedichte aus tschechien und kosovo 1991 – 2005. auswahl und übersetzung andreas wormser. bern 2005)

jans, in: ick kieke, staune, wundre mir. berlinerische gedichte von 1830 bis heute. berlin 2017

alle andern gedichte sind unpubliziert (stadtplan / protzen, nach: konrad bayer, kurze beschreibung der welt)

BIOBIBLIOGRAFIE

wilfried ihrig, geb. 1953 in michelstadt. studium der germanistik und philosophie mit promotion in heidelberg. lebt seit 1987 als dozent, literaturwissenschaftler, schriftsteller, redakteur und literarischer übersetzer in berlin.

wichtige veröffentlichungen

als autor
wilfried ihrig, literarische avantgarde und dandysmus. eine studie zur prosa von carl einstein bis oswald wiener. frankfurt: athenäum verlag, 1988 (über: carl einstein, walter serner, andré breton, louis aragon, konrad bayer, oswald wiener)

als herausgeber
die welt bin ich. materialien zu konrad bayer. wien – münchen 1983 (mit u. janetzki)
heinrich nowak, die sonnenseuche. das gesamte werk. wien – berlin 1984 (mit u. j.)
friedrich wilhelm wagner, jungfraun platzen männertoll. ausgewählte gedichte. münchen, edition text + kritik, 1989
wilhelm runge, die sonne wintert. ausgewählte gedichte. siegen 1990
günter bruno fuchs, werke in drei bänden. münchen 1990 – 1995
ick kieke, staune, wundre mir. berlinerische gedichte von 1830 bis heute. berlin: die andere bibliothek, 2017 (mit t. bock und u. janetzki)
die morgendämmerung der worte. moderner poesie-atlas der roma und sinti. berlin: die andere bibliothek, 2018 (mit u. janetzki)
und andere editionen

als übersetzer
gedichte und prosa von konrad bayer, honoré de balzac, jean-marie kerwich, valery larbaud, alexandre romanès, damian le bas, juanita casey, karen finley, ronald lee, jack micheline, jimmy mcphee, yvonne slee, cecilia woloch, dzafer buzoli, rajko djurić, jan horváth, vlado oláh und margita reiznerová in büchern und zeitschriften

als bearbeiter
konkrete poesie. deutschsprachige autoren. anthologie von eugen gomringer. stuttgart: reclam (erstausgabe: 1972. erweiterte neuausgabe:), 1991 u.ö. (reclam universal-bibliothek 9350)